Der Nymphenburger Park

Ein Naturparadies in der Stadt

Der Nymphenburger Park

Fotos
Bernhard Römmelt
Texte
Hans F. Nöhbauer
Joachim Kraus

2001
Buchendorfer Verlag

0101 deutsche buecherei 0292 deutsche bibliothek
Der Nymphenburger Park: das Naturparadies in der Stadt/Hans F. Nöhbauer; Joachim Kraus
München: Buchendorfer Verlag, 2001
ISBN 3-934036-61-9

Satz und Reproduktion: Design-Typo-Print, Ismaning
Druck und Bindung: Printer, Trento
Printed Italy

ISBN 3-934036-61-9

Inhalt

Schwäne vor dem Nymphenburger Schloß

Zur Fotografie im Nymphenburger Schlosspark

Warum in die Ferne reisen, wenn das Gute liegt so nah! Jahrelang zog es mich regelmäßig in ferne Länder, um die dortige Natur zu fotografieren und zu genießen. Mir wurde jedoch zunehmend bewusst, dass ich die Qualität der einheimischen Fotografen dieser Länder niemals erreichen würde. Also suchte ich mir mein eigenes kleines »Paradies« direkt vor der Haustür: den Nymphenburger Schlosspark.
Es lockten mich jedoch nicht so sehr die bekannten historischen Bauten, sondern vor allem der Park mit seiner vielfältigen Pflanzen- und Tierwelt. Fünf Jahre lang verbrachte ich jede freie Minute im Schlosspark und dokumentierte diese Naturoase inmitten der Großstadt München.
Tiere im Schlosspark zu fotografieren, sollte eigentlich nicht schwierig sein, da viele von ihnen an Menschen gewöhnt sind und ihre Scheu verloren haben. Um jedoch Tiere *gut* zu fotografieren, sind doch erhebliche Anstrengungen in Kauf zu nehmen. Die beste Zeit für die Fotografie im Park ist für mich der frühe Morgen, wenn die ersten Sonnenstrahlen den Park in ein warmes Licht tauchen.
Nur Frühaufsteher werden unvergleichliche Stimmungen erleben und auch Tiere zu Gesicht bekommen, die sich von den Besuchern, die ab dem frühen Vormittag in den Park strömen, zurückziehen. Gute Ergebnisse erhält darüber hinaus nur derjenige, der bereit ist »alles« für *sein* Foto zu tun. Stundenlanges Warten, sowohl bei großer Hitze, wie auch bei bitterer Kälte gehören zum Tierfotografen-Alltag, genau so wie der Versuch, auf dem Bauch robbend Schwäne, Gänse oder Enten zu fotografieren. Die wichtigsten Eigenschaften sind Geduld und Durchhaltevermögen. Nur wer diese Eigenschaften mitbringt, wird zu einmaligen Naturdokumenten kommen.
Grundsätzlich bietet jede Jahreszeit fotografische Highlights. Im Herbst verwandelt sich der Park in ein leuchtendes Farbenmeer, in der kalten Jahreszeit ergeben sich schöne Winterstimmungen, im Frühling sprießen überall die Blumen und die Tiere bringen ihren Nachwuchs zur Welt und im Sommer sind es in erster Linie die hoch gewachsenen Wiesen, die den Fotografen mit Libellen, Grashüpfern, Spinnennetzen und Schmetterlingen locken.
Obwohl viele Tiere an den Menschen gewöhnt sind, sollte der Fotograf mit Teleobjektiven, also langen Brennweiten, arbeiten, um die Tiere so wenig wie möglich zu stören.
300 – 600 mm Objektive sind ideal. Ich selbst fotografiere mit einer Nikon-Ausrüstung und verwende Brennweiten von 24 – 1000 mm. Insbesondere die längeren Brennweiten sollten mit Autofocus ausgestattet sein, da dieser die Tierfotografie sehr erleichert. An Filmmaterial kamen Fuji Velvia, Fuji Sensia sowie die neueren Kodakfilme E 100 VS oder E 200 zum Einsatz. Keines der Fotos wurde digital verändert oder manipuliert. Es handelt sich um ehrliche Naturdokumente.

Zum Schluss möchte ich mich noch bei all denjenigen bedanken, die mich bei dieser langen Arbeit unterstützt haben und ohne die ich dieses Buch nie verwirklichen hätte können. Mein besonderer Dank gilt meiner Familie, die mich immer wieder ermutigt hat weiter zu machen. Bedanken möchte ich mich auch bei meinen Freunden Michael Lechner, Thomas Grüner und Erich Kuchling, mit denen ich unzählige Stunden im Park verbracht habe.
Da ich meine besten Tipps von den »alteingesessenen« Spaziergängern im Park erhalten habe, möchte ich mich auch bei ihnen herzlich bedanken, erwähnt sei hier insbesondere mein guter Freund Fritz Irl.
Zu großem Dank verpflichtet bin auch Tillmann Roeder vom Buchendorfer Verlag für die gute Zusammenarbeit bei der Erstellung dieses Buches.
Ich hoffe, die Leser werden den Nymphenburger Park in Zukunft mit geschärften Sinnen für die wunderbare Natur besuchen. In Zeiten zunehmender Umweltzerstörung ist ein Platz wie der Nymphenburger Schlosspark ein Juwel, ein Naturjuwel mitten in der Großstadt.

Im Juni 2001

Bernhard Römmelt

Die Nymphenburger Schlossbauten

Das Haus Bayern jubelte: Nach zehnjähriger Ehe war im Sommer 1662 der langersehnte Erbprinz Max Emanuel geboren worden. Um Freude und Dankbarkeit standesgemäß zu zeigen, wurde in unmittelbarer Nähe zur Residenz eine Kirche für die Theatiner gestiftet, auf dem Starnberger See das Prunkschiff »Bucentaur« gebaut und »ein kleine Stundt von München auf ebenen Landt« kaufte Kurfürst Ferdinand Maria im Juli 1662 für 10000 Gulden seiner »freundlich geliebtisten Gemahlin« Henriette Adelaide die Hofmark Ober- und Unter-Kemnath.

Die neue Grundherrin, eine Tochter des Herzogs von Savoyen, hielt die bayerischen Architekten für »piu idioti nell' edificare« und so schickte sie ihre Vorstellungen von einem Sommerschloss zunächst an ihre Mutter in Turin. Der Hofarchitekt ihrer Eltern, der Conte Castelmonte, so hoffte sie, würde ihr einen Plan im savoyardischen Stil entwerfen. Das Ergebnis freilich missfiel der kapriziösen Dame von 27 Jahren (die wohl nie ganz vergessen konnte, dass sie einmal – wenn auch nur für kurze Zeit – gute Aussichten hatte, die Frau Ludwig XIV. von Frankreich zu werden; und stattdessen: Bayern).

Der Auftrag ging nun an den Bolognesen Agostino Barelli, der ohnedies gerade die Theatinerkirche baute. Er zog im Sommer 1664 mit seinen Arbeitern hinaus nach Kemnath, um das gewünschte Sommerschloss im Stil römischer Villen zu errichten. Als Bauleiter engagierte er sich dann aber einen Bayern mit wohlklingendem bayerischen Namen, den in München geborenen Hofbaumeister Marx Schinnagl, der schon das Komödienhaus am Salvatorplatz und die Karmeliterkirche errichtet hatte.

Die Pläne aus Turin mochte die Kurfürstin nicht übernehmen, doch der Name, den die Mutter für die kleine Residenz vorschlug, gefiel. So wurde aus Kemnath ein »Borgo delle Ninfe«, und bald schon wurde das Projekt in den Akten als »Schwaig Nymphenburg« geführt.

Seit dem Dreißigjährigen Krieg mit seinen großen Verwüstungen waren erst anderthalb Jahrzehnte vergangen, als fast gleichzeitig die Arbeiten an den beiden kurfürstlichen Baustellen begannen. (Dabei war – ein Zufall der Geschichte – die letzte Schlacht des Krieges zwei Wochen vor der Unterzeichnung des Friedens von Münster und Osnabrück in unmittelbarer Nähe von Kemnath geschlagen worden).

Auch wenn Kurfürst Maximilian seinem Erben geordnete Finanzen hinterlassen hatte, strapazierten die Aufwendungen für Kirche und Sommerresidenz die Kasse so sehr, dass acht Jahre vergingen, bis die Maurer und Zimmerleute beim Schloss vor der Stadt das Richtfest feiern und das Dach aufsetzen konnten. Der schmucklose, klobige Bau – fünf Stokkwerke hoch, dreizehn Fenster breit – war fertiggestellt, der Innenausbau konnte beginnen. Kurfürstin Henriette Adelaide erlebte nur noch den Anfang dieser Arbeiten. Bei einem

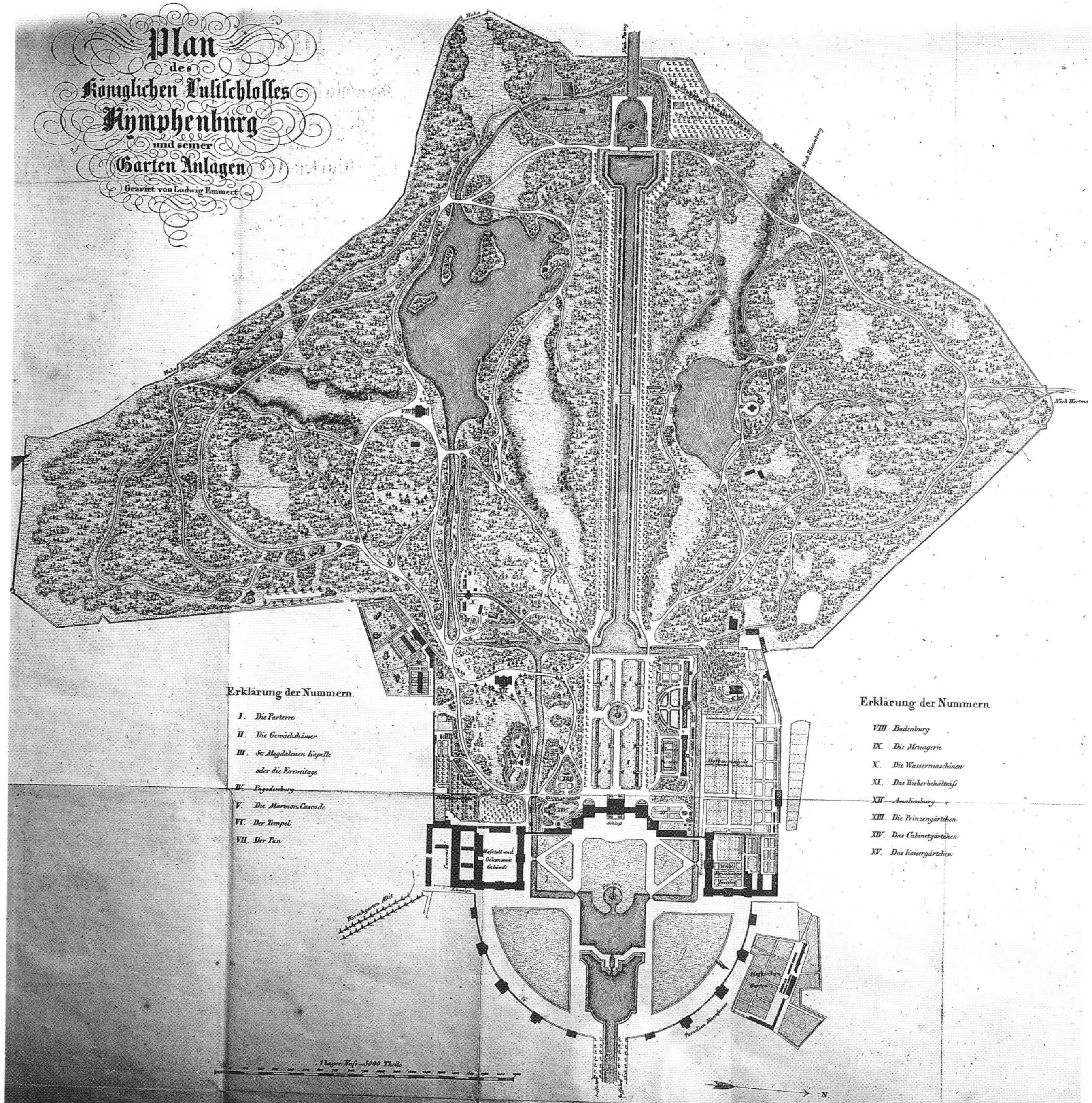

Plan des Schlossparks, Ausschnitt, graviert von Ludwig Emmert, 1837

Die kurfürstliche Schwaige Nymphenburg, Michael Wening, 1701

Residenzbrand hat sie sich erkältet, einige Zeit später, im März 1676 – zwölf Jahre nach Baubeginn – ist sie gestorben.
Wie ihre Villa damals aussah, hat Michael Wening 1701 in einem Stich für sein Buch über das Rentamt München gezeigt: In der Mitte des Bildes der kompakte Bau mit der großzügig angelegten Freitreppe, rechts davon, in geringem Abstand, die Magdalenenkapelle, links ein freistehender Saalbau und die Schwaige, ein landwirtschaftliches Anwesen mit Wohngebäude und Stallungen – ein Dreiseithof, den Peter Johann Gassner, der Vorbesitzer der Hofmark, einst bewirtschaftet hatte. Hinter dem Schloss zeigte Wening, eingefasst durch eine umlaufende Mauer, einen kleinen französischen Garten mit Fontänen und symetrisch angelegten Rabatten.
Zwar heißt es im Begleittext, »in dem Schloß seynd theils Zimmer und der schöne Saal mit Malereyen von allerhand Geschichten eingerichtet«, aber allzuviel Räume waren wohl noch nicht fertig gestellt, denn der Stich ist überschrieben: »Die Churfürstl. Schwaig und Lusthauß Nymphenburg«. Die Ökonomie hatte damals wohl noch den Vorrang und so wird das Schloss erst an zweiter Stelle genannt.
So also mag Kurfürst Max Emanuel das Schloss vorgefunden haben, als er 1680 seine turbulente Regierungszeit begann. Obwohl er doch zur Feier seiner Geburt gestiftet war, zeigte er am Bau zunächst kein Interesse und ließ sich lieber von seinem Baumeister Enrico Zuccalli in Schleißheim das Schloss Lustheim errichten. Wie in den Zeiten des Peter Johann Gassner wird man sich in Nymphenburg – was die Kartuscheninschrift ja nahelegt – vor allem auf die Landwirtschaft verlegt haben. Schon im Schenkungsvertrag an die Gemahlin hatte Kurfürst Ferdinand Maria festgehalten, dass die Hofmark mit Äckern, Wiesmaten, Weiden und Holz überschrieben werde.
Der junge bayerische Herrscher hatte freilich auch wenig Gelegenheit, sich um die Immobilie vor der Stadt zu kümmern. Zuerst zog er in den balkanischen Krieg, wo ihm die Eroberung Belgrads den Ruhmestitel des »Blauen Kurfürsten« einbrachte, und später lebte er neun Jahre lang als Statthalter in den Spanischen Niederlanden. Erst als er 1701 in seine Münchner Residenz zurückkehrte, sollte Nymphenburg ein Aussehen erhalten, das seinem hohen Selbstverständnis angemessen war.
Sein allzu großer politischer Ehrgeiz führte ihn freilich schon wenige Jahre später in Turbulenzen und schließlich, von 1704 an, in ein zehnjähriges Exil.
Zuvor hatte er noch die beiden Galerien errichten lassen, die links und rechts vom Schloss zu den (zwischen 1702 und 1716) ebenfalls in seinem Auftrag erbauten jeweils zwei versetzt angelegten Pavillons führen.
Der Mittelpunkt des Schlosses, sein hoher, lichter Hauptraum, ist der Steinerne Saal im Adelaidenbau, der vom ersten Stock bis nahe unter das Dach reicht und den der alte Johann Baptist Zimmermann mit seinen (wohl nur noch zum Teil von ihm selbst gemalten) Fresken und François Cuvilliés im Stil des Rokoko ausstatteten.
Größeres Interesse findet bei Besuchern allerdings ein vergleichsweise schmuckloses Zimmer im ersten der beiden Südpavillons. In ihm, ursprünglich das kleine Speisezimmer von Königin Caroline, hängen die Bilder jener Damen, die sich ihr Stiefsohn Ludwig I. für seine Schönheitengalerien hat malen lassen. Im Raum schräg gegenüber das in grün und weiß gehaltene Schlafzimmer von Königin Marie, in dem am 25. August 1845 – oder doch schon ein paar Tage früher? – König Ludwig II. geboren wurde.
Zehn Jahre Baustop, und dann, nach der Rückkehr des Kurfürsten, neue Aufträge bei den alten Projekten. Als wären die Kassen bis zum Rande gefüllt, wollte der ohnedies bereits von Schulden gejagte Max Emanuel das fertig stellen, was er unvollendet zurücklassen musste. In Schleißheim, wo er 1701 das Neue Schloss begonnen hatte, wurde nun weitergebaut, in Fürstenried entstand im kurfürstlichen Auftrag ein Jagdschloss. In Nymphenburg aber wurden die vier Seitenpavillons

Ansicht des Schlosses vom Kanal aus, Mathias Diesel, um 1722

Blick vom Park über das Schloss und den Kanal nach Schwabing, nach einem Gemälde von Franz Joachim Beich, um 1722

endgültig fertig gestellt und das große Schlossprojekt mit dem (späteren) Marstall im Süden und dem Orangeriegebäude im Norden vorläufig abgeschlossen.

Nymphenburg hatte nun seine 658 Meter breite, phantasievoll strukturierte und nobel dimensionierte Schauseite. Vier Generationen von Baumeistern haben damit eines der eindrucksvollsten Schlösser des bayerischen Barock und Rokoko geschaffen: Agostino Barelli und Enrico Zuccalli den Mittelbau (in den erst später die großen Fenster des Steinernen Saales eingebaut wurden), Antonio Viscardi die Seitenpavillons und Joseph Effner die daran anschließenden Erweiterungsbauten.

Die Pagodenburg

Die Baulust, so scheint es, wuchs bei Max Emanuel mit der Zunahme seiner Schulden. Er besaß nun zwar mit Nymphenburg ein großes Schloss von anmutiger, graziöser Eleganz (das er durch Kanäle mit Schleißheim und anderen Nebenresidenzen verbinden ließ), doch *à la mode* war es jetzt, sich kleine Parkpavillons im »indianischen«, das heißt fernöstlichen Stil zu bauen. Und Joseph Effner, der auf kurfüstlichen Wunsch in Paris zum Architekten ausgebildete Dachauer Hofgärtnerssohn, erhielt dafür den Auftrag. Nach seiner Mitarbeit beim Schlossbau in Nymphenburg und Schleißheim war dies das erste größere Projekt, das ihm anvertraut wurde. Wie weit seine Freiheiten dabei reichten, ist umstritten, denn der Entwurf für dieses zweigeschossige Gebäude der Pagodenburg mit dem großen achteckigen Raum im Erdgeschoss (dem drei kleine Räume und ein Treppenhaus als Seitenflügel angebaut sind) hat ihm angeblich der Auftraggeber vorgezeichnet.

Von 1716 an hat der noch nicht dreißigjährige Effner ein kunstvolles Gehäuse geschaffen, das von dem Hofkistler Johann Adam Pichler und dem Hofmaler Johann Anton Gumpp im Stile der dazumal beliebten Chinamode ausgestal-

Die Pagodenburg im Schlosspark, Mathias Diesel, um 1725

tet wurde. Während der große Raum im Erdgeschoss mit seinen weißblauen holländischen Kacheln einen wittelsbachischen Eindruck erweckt, sind die drei Räume des Obergeschosses ganz im chinesischen Stil gehalten; mit Lackmalereien vornehmlich auf schwarzem Grund (im »Chinesischen Salon«) und in Rot (im »Chinesischen Kabinett«).
Pater Pierre de Bretagne, der Beichtvater Max Emanuels, hat bereits 1722 über die Pagodenburg geschrieben: »Dieses indianische Gebäude ist ein Ort für die hohen Herrschaften, daselbst auszuruhen, wenn sie auf der Mailbahn gespielt haben.« Vor dem kleinen Lustschloss lag ursprünglich, als der See noch nicht angelegt war, jene Mailbahn auf der mit einer Buchsbaumkugel eine Art Golf gespielt wurde.

Die Badenburg

Effner arbeitete noch an der Pagodenburg, – deren Fassade erst 1767 durch den alten Cuvilliés stuckiert wurde – als ihm der Kurfüst 1718 einen weiteren Auftrag erteilte. So entstand im südlichen Gartenteil, aber in Sichtweite der nördlich davon gelegenen Pagodenburg, ein Badehaus: das erste heizbare Hallenbad seit den Tagen der Römer. Diese in ihrem Äußeren schlichteste der Park-Burgen, war im Krieg durch Bomben schwer beschädigt, später aber wieder im ursprünglichen Stil – inklusive der Deckengemälde – rekonstruiert worden. Neben dem barocken Festsaal im Erdgeschoss wird auch in diesem Bau, wie vis-à-vis in der Pagodenburg, in mehreren Räumen der Chinamode gehuldigt. Das Badebecken ist, ebenso wie Küche und Heizraum, im Untergeschoss des Gebäudes angelegt. Die höfische Gesellschaft hatte Gelegenheit, vom Badesaal im Erdgeschoss aus, den vornehmen Plantschern bei ihrem fröhlichen Spiel zuzuschauen. »Das Haus der Bäder«, fand Pater de Bretagne, »ist ein rechtes Meisterstück der Kunst und zu dem, weswegen es gebaut worden ist, der bequemste Ort der Welt.«

Das Leben des kurfürstlichen Hasardeurs Max Emanuel neigte sich dem Ende zu, als er sich der letzten Dinge erinnerte und seinem inzwischen zum Hofbaumeister avancierten Joseph Effner 1725 den Auftrag erteilte, eine Eremitage zu bauen. Als sie drei Jahre später fertig war – soweit eine künstlich angelegte Ruine (denn als solche war sie konzipiert) je fertig sein kann –, war Max Emanuel tot. Als reuiger Sünder gestorben mit 63 Jahren.

Schon lange bevor Kurfürst Ferdinand Maria von den Erben des Peter Johann Gassner die Hofmark Kemnath kaufte, gab es etwa dort, wo in den 1720er und 1730er Jahren der Nordflügel des Schlosses Nymphenburg gebaut wurde, eine kleine, der heiligen Maria Magdalena geweihte Kirche. Deren Schutzheilige wurde nun auch zur Patronin der neuen, in der nordwestlich des Schlosses in die Eremitage eingebauten Kirche. Als Symbol für die Hinfälligkeit allen irdischen Daseins wurden im Mauerwerk kunstvoll Sprünge und abbröckelnder Putz appliziert. Neben einem mit Tuffstein, gefärbten Kieseln und Muscheln zur Grotte ausgestatteten Kapellenraum enthält die Magdalenenklause unter anderem ein Gebetszimmer, eine kleine Bibliothek sowie einen Speisesall mit anschließender Bettnische.
Die Ruine einer geplanten Ruine war wohl nicht nach dem Geschmack von Kurfürst Karl Albrecht, und wohl nur aus Pietät ließ er den letzten Bau seines Vaters Max Emanuel fertig stellen, doch schon 1734 heißt es dann: »Ihre churf. Durchlaucht haben mündlich gnedigst anbefohlen, ein Neues Lusthaus genannt Amalienburg und einen Neuen Fasohngartten … zuerpauen«.

Die Badenburg im Schlosspark, Mathias Disel, um 1725

Die Amalienburg

Der kleine Wallone François Cuvilliés war etwa vierzig Jahre alt und seit knapp zwanzig Jahren in München, als er den Auftrag bekam, südlich der Magdalenenklause, in einem bewaldeten Teil des Parks, ein ebenerdiges Jagdschloss zu bauen. Die Kurfürstin Maria Amalia wird es gefreut, vielleicht auch überrascht haben, dass es ihren Namen bekam, denn der durchlauchtigste Ehemann war im Umgang mit ihr, der österreichischen Kaisertochter, für gewöhnlich nicht so galant. So hat er sie auch bald schon wieder gedemütigt, als er – noch ehe die Arbeiten in Nymphenburg abgeschlossen waren – Cuvilliés in die Stadt kommen ließ, damit er für einen illegitimen Kurfürstenspross das Palais Holnstein, das spätere Erzbischöfliche Palais errichte.
Im Frühjahr 1734 waren die Maurer nach Nymphenburg gekommen und bereits ein Jahr später jagte die Kurfürstin vom Dach der noch nicht fertig gestellten Amalienburg aus nach Fasanen. Ein kunstvoll geschmiedetes Rundgitter auf der Dachterrasse schützte dabei die erlauchte Jägerin vor einem Absturz.
Der Cuvilliésbiograph Wolfgang Braunfels nannte dieses Schloss einmal »das vollkommenste Werk« des Baumeisters, und Mozarts Schwester Nannerl schrieb 1763: »zu münchen hab ich gesehen das ninfenburg, das schlosse und den garten und die vier schlosser, nemlich amalienburg, bagotenburg und die ermitage, das amalienburg ist daß schönste, worinnen das schöne bett ist und die kuchel, wo die Kurfürstin selbst gekocht hat.«
Damals stand freilich bereits die Schwiegertochter am Herd der üppig mit weißblauen und farbigen Fliesen geschmückten Küche. Die Kurfürstin Maria Amalia war damals, 1763, bereits sieben Jahre tot, doch im so genannten Ruhezimmer der Amalienburg – einem in den Farben Gelb und Silber gehaltenen Raum – ist sie und ihr 1742 gestorbener Mann Karl Albrecht, beide im Jagdkostüm, bis zum heutigen Tage präsent: in zwei Gemälden von George Desmarées.
Neben der genialen Raumlösung des François Cuvilliés und dem eleganten Stuck von Johann Baptist Zimmermann verdankt dieses schönste deutsche Rokokoschlösschen seinen unvergleichlichen, nirgendwo und nie mehr erreichten Zauber den geschnitzten silberfarbigen Wanddekorationen von Johann Joachim Dietrich.
Der Mittelpunkt der Amalienburg ist das achteckige, in zartem Blau und Silber glänzende Spiegelzimmer, bei dem Cuvilliés auf seine Erfahrungen bei der Gestaltung des Spiegelkabinetts der Reichen Zimmer in der Residenz (und vielleicht auch ein wenig auf das Vorbild des Saales in der Pagodenburg) zurückgreifen konnte.
Das Erlebnis dieses in seiner Art vollkommenen Raumes beeinflusst 1962 auch Jürgen Rose für das Bühnenbild seines »Rosenkavaliers« an der Bayerischen Staatsoper. Rose und sein Regisseur Rudolf Hartmann »suchten und fanden Anregungen in der Münchner Architektur, vor allem in der Ornamentik und Raumgestaltung der Amalienburg …« Für den zweiten Akt war dies – den Besuchern dieser Inszenierung unvergesslich und in Photos noch immer zu besichtigen – der stilsicher nachempfundene Spiegelsaal des Jagdschlösschens draußen vor der Stadt im Park von Nymphenburg. Fürwahr der rechte Ort für die Überreichung der Silbernen Rose.
So ließe sich wohl vorstellen, dass Sophie und Octavian bereits beim Anblick dieses Saales verzückt und in Bewunderung singen, was sie in der Oper erst ganz zum Schluss im Duett vereint (in diesem wunderbaren Finale freilich nicht ihr Entzücken über den silbrig leuchtenden Raum meint): »Ist ein Traum, kann nicht wirklich sein …« Die Amalienburg war indes nicht für junge Liebende, sondern für eine höfische Jagdgesellschaft bestimmt, und so hatte auch jeder Raum seine entsprechende Funktion. Nach dem Eintritt folgt der Garderobe die Hunde- und Gewehrkammer mit anschließendem Blauen

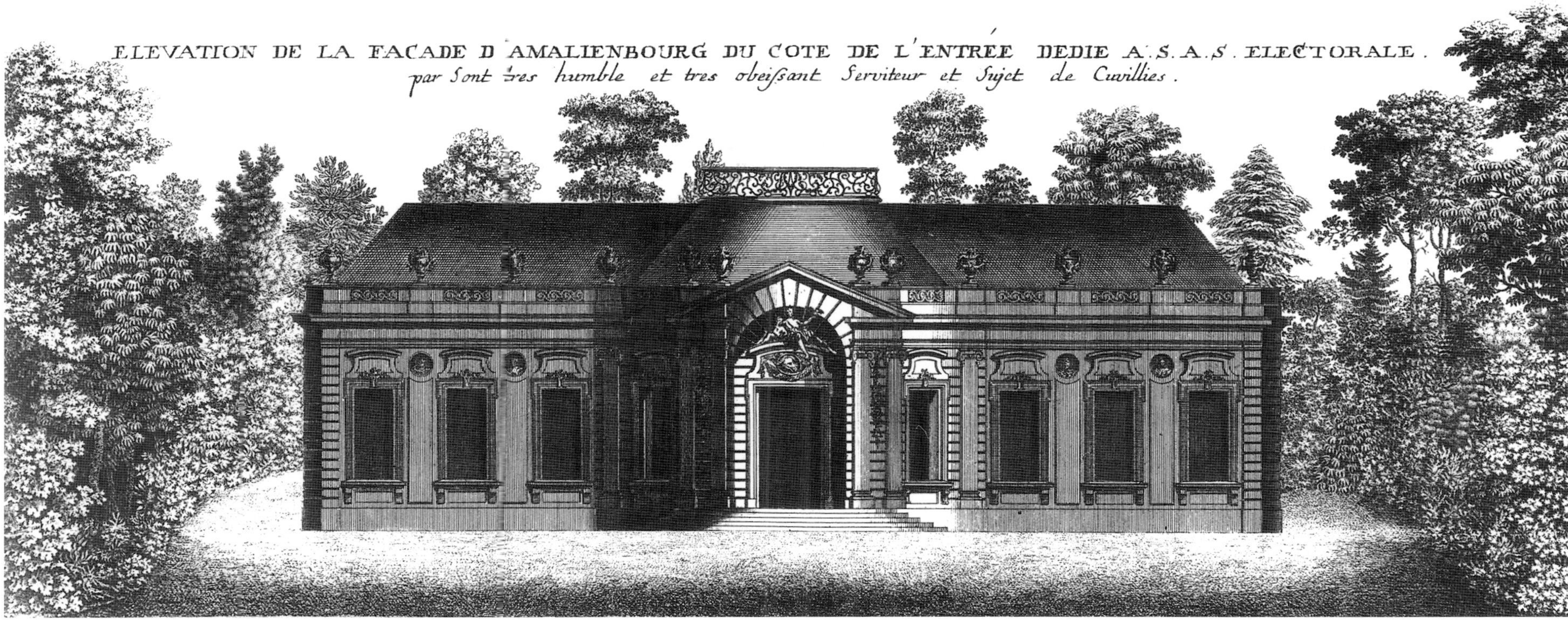

Die Amalienburg, Stich von François Cuvilliés, um 1730

Kabinett und Ruhezimmer. Im anderen, dem Nordteil, befinden sich ein Jagd- und jenes Fasanenzimmer, das einmal das Schreibkabinett der Kurfürstin gewesen ist. An dieses kleine, schmale Kämmerchen schließt sich die große Küche an.
Johann Baptist Zimmermann und Johann Joachim Dietrich, der »Schneidkistler in der Au«, haben die Räume mit floralem und figürlichem Schmuck überreich ausgestattet, und selbst noch der Stille Ort, hier vornehm Retirade genannt, ist zurückhaltend in den Farben, doch reich bemalt. Die Damen und Herren der kurfürstlichen Jagdgesellschaft sind vollzählig im Jagdzimmer versammelt. Auf figurenreichen Bildern von Peter Jakob Horemans. In hellblauer Kleidung mit weißen Bordüren – in den Farben des Hauses Wittelsbach also – stellen sie sich bei der Falkenbeize dem Porträtisten (der im Hintergrund, beim so genannten Vogelhaus, bunt gekleidete Bürger und Bauern zeigt). Ein anderes, ungleich bewegteres Bild in diesem Raum zeigt den Kurfürsten mit männlichem Gefolge sowie Pferden und Hunden bei der »Schweren Jagd«. Vor allem dieses Zimmer ist üppig mit Darstellungen von Jagden und Festen, mit Bildern von Blumen und Tieren geschmückt – eine vornehme Gesellschaft hat sich hier, wenige Jahrzehnte vor der Französischen Revolution, noch einmal gefeiert.
Mit diesem einstmals für die Fasanenjagd bestimmten kleinen Schloss hat der Burgenbau in Nymphenburg – welch merkwürdiger Einfall, diese zum Teil filigranen Bauten Burgen zu

Feuerwerk im »Nymphenburger Lustgarten am 15. Januar 1765 anlässlich der Vermählung der bayerischen Prinzessin Josepha Maria mit Kaiser Joseph II., Stich von Joh. M. Will

nennen! – ein Ende gefunden. Die einander in einem Viereck zugeordneten Gebäude haben durch die Veränderung des Parks im frühen 19. Jahrhundert ein anderes Umfeld gefunden. Immer noch sind sie freilich Juwelen in einer verzauberten grünen Landschaft.

Wie sein Vater Max Emanuel war auch Karl Albrecht ein Mann der großen Projekte. Kurz nachdem er 1726 das verschuldete Bayernland geerbt hatte, begann er, für den bis dahin wenig beachteten Osten des Schlosses Pläne zu entwickeln. Ein Rondell mit fünf Häusern links und fünf Häusern rechts sollte entstehen und gleichsam einen großen Vorhof bilden, und mitten hindurch ein Kanal, der, seit 1701 von der Würm abgeleitet, zuerst durch den Schlossgarten und nun auch ostwärts bis zur (späteren) Waisenhausstraße floss. Ein zweiter, schmälerer, der Nymphenburger Kanal führt zum Olympiasee.

Der erste der zehn Pavillons entstand 1728 an der Südseite des Rondells, weitere folgten 1729 anschließend an den ersten Bau und auch bereits im nördlichen Rondell. Der Kreis schloss sich langsam und die abschließenden Gebäude wurden 1745 und 1758 fertig gestellt. Zu einer Zeit, als der unglückliche Karl Albrecht – seit 1742 ein deutscher Kaiser ohne Reich und ohne Mittel – bereits tot war.

So höfisch dieses Ensemble auch erschien, der erste Bau – der Mittelbau des südlichen Rondells – war ein Wirtshaus. Der Hofkontrolleur Franz Joseph Hieber richtete 1730 darin sein Etablissement »Zum Kontroller« ein, und noch hundertfünfzig Jahre später hieß es, dies sei »das erste Haus am Platz«. Zuletzt liefen die Geschäfte aber dann doch nicht mehr so gut und 1916 übernahmen die Barmherzigen Brüder den Pavillonbau und verwandelten das Gast- in ein bald schon renommiertes Krankenhaus.

Einkehren kann man beim Rondell trotzdem noch, etliche Häuser weiter, in der »Schwaige«. Neben ihr, im ersten südlichen Rondellgebäude, ist seit 1960 die gelehrte Welt zu Gast: bei Vorträgen in den Räumen der Carl Friedrich von Siemens Stiftung.

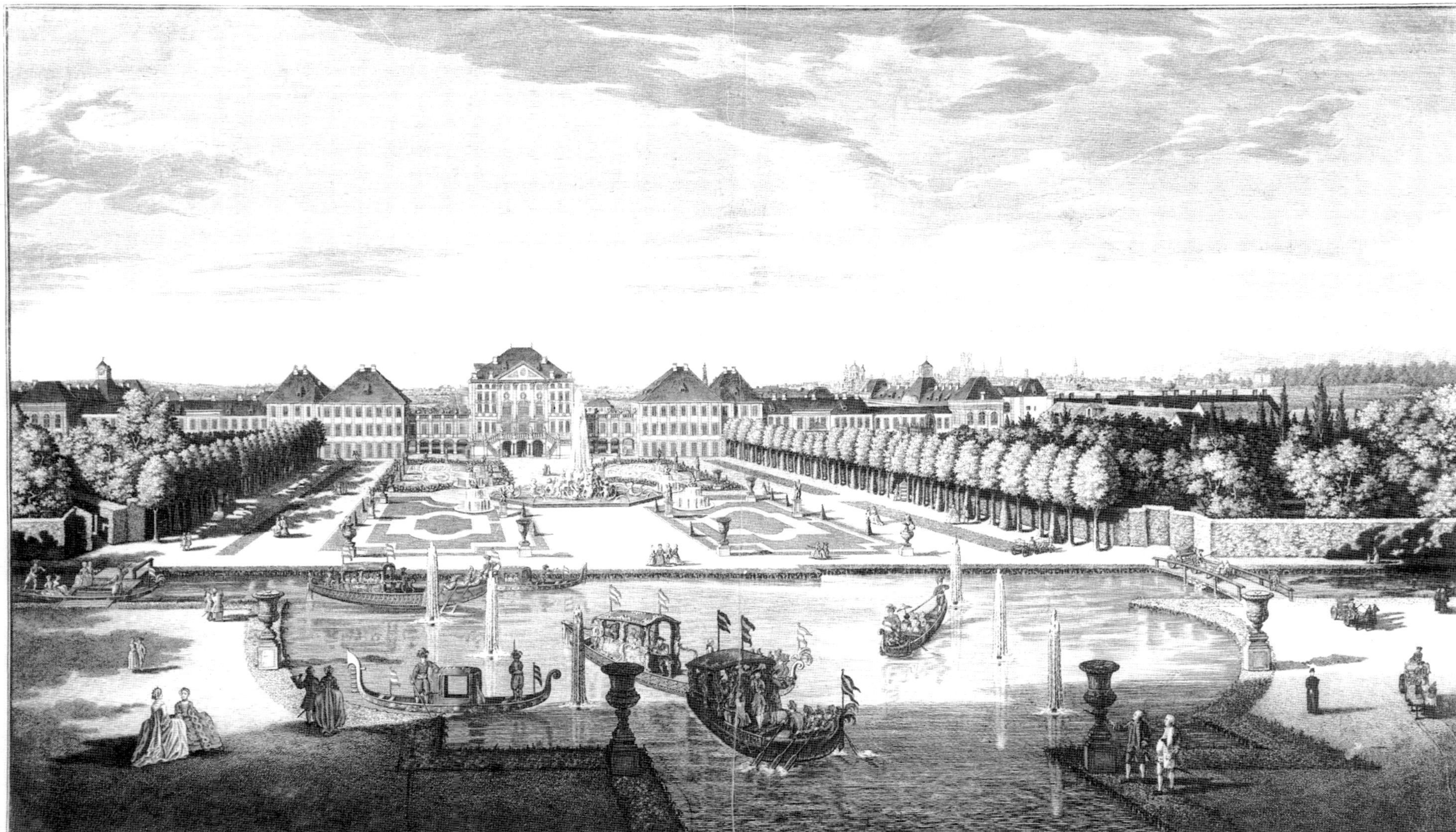

Prospect des Churfrtl. Bairischen Lust-Schloses Nymphenbourg, wie solches gegen Morgen von seiten des gartens anzusechen.
Vüe de Nymphenbourg du coté des Jardins

Bernardus Bellotti de Canaletto Pinxit. 1761.

Ein paar Jahrzehnte nach Franz Josef Hieber zog schräg gegenüber, in einen der Nordpavillons, Herr von Haimhausen mit seiner Firma ein, und sie arbeitet in den zum Teil kaum veränderten Räumen und weitgehend mit der überlieferten Technik auch heute noch, nach nahezu zweieinhalb Jahrhunderten: es ist die Nymphenburger Porzellanmanufaktur.
Etwa 1200 Beispiele dessen, was in der Nymphenburger und der ehemaligen wittelsbachischen Porzellanmanufaktur Frankenthal entstanden ist, zeigt die Sammlung Bäuml im südlichen Schlossflügel, im Obergeschoss des Marstallmuseums. Zu ebener Erde aber stehen, prächtig zur Schau gestellt, die Prunkwägen und Prunkschlitten einer lange vergangenen Zeit, darunter der Krönungswagen Kaiser Karls VII., des Erbauers der Amalienburg, und die von König Ludwig II. in Auftrag gegebene, doch bekanntlich nie von ihm selbst benutzte goldene Hochzeitskutsche König Ludwig II.
Der Ehrgeiz Karl Albrechts reichte über das Jagdschlösschen im Park und das Rondell weit hinaus: Er wollte auch noch eine neue Stadt bauen, die am Kanal beginnen, noch weit darüber hinausreichen und Karlstadt heißen sollte. Etliche kleine Häuser wurden errichtet, doch ehe hier wirklich eine Stadt entstehen konnte, verging noch sehr viel Zeit, und mit Karl Albrecht und seinem Projekt hatte sie nichts mehr gemein – 1899 wurde Nymphenburg in die Stadt München eingemeindet.
Wie ein König gefühlt und bei seinen Besuchen in Nymphenburg auch präsentiert hat sich wohl der Münchner Ratspräsident und SS-Brigadeführer Christian Weber, der vormalige Hausknecht beim »Blauen Bock« im Tal. In den späten dreißiger Jahren des vorigen Jahrhunderts veranstaltete er im Schlosspark jene legendären nächtlichen Barockfeste, die noch über Jahrzehnte die Phantasie der Münchner beschäftigten. Im Mittelpunkt dieser Spektakel: viele Pferde und spärlich kostümierte oder nackte Frauen, kurzum: das, was sich ein kleiner Spiesser unter einer »Nacht der Amazonen« vorstellt.
Nach den Vorstellungen Webers – Adresse: München, Residenz – sollte das Schloss Nymphenburg in ein grosses Jagdmuseum verwandelt werden. Im Nordtrakt – einst als Orangeriebau und Kloster errichtet – war der Anfang bereits gemacht und eine Bibliothek installiert.
Der Krieg hinderte den Altparteigenossen daran, das Werk zu vollenden; der bereits in seinem Sinne umgewandelte Nordbau von Schloss Nymphenburg wurde durch Bomben zerstört.

Nymphenburger Schloss

Blick in den Park

Badenburg

Badenburg

Pagodenburg

Amalienburg

Amalienburg

Brückengeländer im Park

Monopteros

Monopteros

»Unter den vielfachen Vorzügen dieses Gartens behauptet die Fülle des Wassers den ersten Platz, welches, aus dem Würmsee durch das Würmflüßchen hergeleitet, den See, mehrere Teiche, Kanäle und Springwässer reichlich speiset. Durch eine so künstliche als geschwinde Schwellung des Wassers kann man auf dem Kanal den ganzen Garten durchschiffen, weil der entfernte Teil desselben höher liegt als der nähere.«

Hermann und Barth, 1830

Der Nymphenburger Schlosspark als Naturparadies

Artenreiche Laubwälder mit verschieden alten Bäumen, immer wieder durchbrochen von Lichtungen und Gewässern, das ist das klassische Bild eines echten naturbelassenen Waldes. Viel ist von Landschaften wie diesen nicht übrig geblieben. Aber sie werden – oft mit erstaunlichen Ergebnissen in sogenannten »englischen Gärten« nachgeahmt.

Das »Urprinzip« dieser natürlichen Vegetation lässt sich in Mitteleuropa bis nach der ersten Eiszeit zurückverfolgen. Es bildeten sich damals Wälder, überwiegend aus Laubbaumarten, die nahezu flächendeckend wuchsen. Ausnahmen waren lediglich Hochlagen sowie steile Hänge, Gewässer und Sümpfe. Lichtungen und generelle Lichtdurchlässigkeit, wie sie heute besonders gepflegt werden, entstanden vor allem durch Sturmbrüche, aber auch die natürlichen Abstände der Bäume waren in der Regel recht groß. Flüsse mussten sich nicht auf ein enges Bett beschränken, sondern gliederten sich in eine Vielzahl von Formen und Altwässern auf. Die »dunklen Wälder«, wie sie Tacitus noch beschrieb, gehören wohl eher in das Reich der Fantasie.

Wie eindrucksvoll die Nachahmung durch Menschenhand aussehen kann, zeigt der Nymphenburger Park in München. Hier finden sich nicht nur eine ansehnliche Zahl von Pflanzen- und Tierarten, vor allem Wasservögel, sondern auch zoologische Besonderheiten wie der Seidenschwanz: ein Vogel aus Sibirien, der nur etwa alle sieben Jahre nach Mitteleuropa gelangt.

Bäume

Bizzarer Wuchs und grün-braun gescheckte Borke – Platane im Herbst

Vom Winde getrieben flog ein welkes Blatt neben einem Vogel durch die Luft. »Sieh«, raschelt es triumphierend, »ich kann fliegen wie du.«
»Wenn du fliegen kannst, so mache mir das nach!« antwortete der Vogel, wandte sich und steuerte mit kräftigem Flügel gegen den Wind.
Das Blatt aber wirbelte ohnmächtig dahin, bis sein Träger plötzlich den Atem anhielt und es in ein Bächlein fallen ließ, das klar und munter durch den Wiesengrund jagte. Nun segelte das Blatt auf den Wellen und gluckste den Fischen zu: »Seht mich an, ich kann schwimmen wie ihr.«
Die stummen Fische widersprachen ihm nicht; da blähte es sich auf und meinte: »Das sind anständige Kreaturen, die lassen einen doch gelten!«
Weiter glitt es und merkte nicht, wie es dabei aufquoll und schon faul war durch und durch.

Marie von Ebern-Eschenbach

Im Frühling

Im Sommer

Mit dichtem Laubwald bestandene Insel des »Großen Sees« in den vier Jahreszeiten: ein Paradies für Vögel.

Im Herbst und Winter

Als ich einst unter einer Eiche botanisierte, fand ich, zwischen den übrigen Kräutern und von gleicher Größe mit ihnen, eine Pflanze von dunkler Farbe, mit zusammengezogenen Blättern und geradem, straffen Stiel. Als ich sie berührte, sagte sie mit fester Stimme: »Mich lass stehen! Ich bin kein Kraut für dein Herbarium, wie jene anderen, denen die Natur ein einjähriges Leben bestimmt hat. Mein Leben wird nach Jahrhunderten gemessen: Ich bin eine kleine Eiche.« – So steht der, dessen Wirkung sich auf Jahrhunderte erstrecken soll, als Kind, als Jüngling, oft noch als Mann, ja überhaupt als Lebender, scheinbar mit den übrigen gleich und wie sie unbedeutend. Aber lässt er nur die Zeit kommen und mit ihr die Kenner! Er stirbt nicht wie die übrigen.

Arthur Schopenhauer

Uralte Eiche am Seeufer in Herbstfärbung

Braune und fragile Pilze, Pilzkappen und Pilzgruppe im Gras und Wald

Pilze – Partner der Bäume

Alle in Mitteleuropa heimischen Baumarten leben in einer engen Symbiose mit Pilzen. Das unterirdische Geflecht der Pilze geht mit dem Wurzelwerk seines Baumpartners eine innige Verbindung ein, die man Mykhorrhiza – Pilzwurzel – nennt. Diese Symbiose hat für beide Vorteile: Der Pilz vergrößert die Wurzelfläche des Baumes um ein Vielfaches und damit dessen Fähigkeit, Wasser und Mineralstoffe aufzunehmen. Ohne ihre Pilzpartner würden die Bäume, wenn überhaupt, wesentlich langsamer wachsen. Im Gegenzug versorgt der Baum den Pilz mit organischen Verbindungen, die dieser nicht selbst herstellen kann.

Blumen

Blaue Blüten mit Tau

Glockenblume mit ihren charakteristisch geformten Blüten

Margerite. Da sie oft massenhaft auftritt, wird sie auch Wucherblume genannt

Wiesen, die nur zweimal pro Jahr gemäht werden, entwickeln einen Blütenreichtum, den viele nur noch aus ihrer Kindheit kennen

Im zeitigen Frühjahr – vor dem Austrieb der Bäume – dringt reichlich Sonnenlicht auf den Boden der Laubwälder. Dieses Licht nutzen Zwiebelgewächse wie das Schneeglöckchen zur frühen Blüte

Hahnenfuss in Sommerwiese

Gänseblümchen können auch prachtvoll sein, vor allem wenn sie ganze Wiesen bedecken

Rechts: Wiesen-Flockenblume entfaltet ihre filigranen Blüten bis in den Herbst

Lerchensporn blüht im späten Frühjahr unter Laubbäumen

Rechts: Auch die Schlüsselblume erscheint schon im zeitigen Frühjahr

Wiesensalbei blüht nur im Hochsommer

Königskerze, deren Blütenstände meterhoch wachsen

Kleines Immergrün. Ihre Blüten erscheinen im späten Frühjahr

Veilchen: zarte Schönheit und Duft in Vollendung

Die ersten Krokusse erscheinen in manchen Jahren schon im Februar

Der lateinische Name der Schlüsselblume – Primula – leitet sich von Primus, der Erste ab. Er deutet auf die frühe Blüte dieser Pflanze hin

Filigrane Kunstwerke der Natur: Grasblüten in einer Sommerwiese

Leberblümchen, ein weiterer Frühjahrsblüher. Der Name erinnert daran, dass die Pflanze früher als Mittel gegen Leberleiden verabreicht wurde

Lungenkraut blüht im späten Frühjahr an Waldrändern

Sie lebt nur einen Tag, sagt der Name und meint auch der Volksmund – aber das ist so nicht ganz richtig. Denn dem kurzen Leben der geflügelten Eintagsfliegen gehen zwei Jahre als Larve voran

Grünes Heupferd

Insekten, Spinnen, Amphibien

Spinnennetz

Duftig wie ein Hauch, aber eine ausgeklügelte Insektenfalle und eines der besonderen Wunder der Evolution. Kaum eine Stunde braucht die Spinne, um ihr Radnetz zu bauen, und sie verwendet dazu nur etwa ein Tausendstel Gramm Seide. Diese Sparsamkeit kann sie sich leisten, denn die zarten Fäden sind einer der stärksten Werkstoffe überhaupt – hundertmal belastbarer als Stahl und um das vierzigfache ihrer Länge dehnbar. Kein Wunder, dass Wissenschaftler mit Hochdruck daran arbeiten, die Seide der Spinne industriell nutzbar zu machen. Doch das Geheimnis, wie aus der flüssigen Seide, die die Spinnwarzen verlässt, ein ganzes Arsenal verschiedener Fäden entsteht, ist noch immer nicht völlig gelöst.

Und wenn man Spinnen in Gefangenschaft hielte, um ihre Seide zu gewinnen – ähnlich wie die Raupen des Seidenspinners? Da sie zum Kannibalismus neigen, müssten die Spinnen einzeln gehalten werden und das Ziehen und Aufwickeln der Fäden wäre extrem aufwändig.
Produkte aus diesem natürlichen Hightech-Material sind deshalb selten:
Zwei kuriose Beispiele sind das Paar Handschuhe für die Königin, das die französische Academie Royale Anfang des 18. Jahrhunderts weben ließ, und die dünnen Fadenkreuze in den Zielfernrohren von Jagdflugzeugen während des Zweiten Weltkriegs.

Großes Ochsenauge: Männchen, links, und Weibchen

Das Große Ochsenauge ist nur im Hochsommer zusehen. Seine Raupe lebt von Gräsern

Ein Weibchen der Blaupfeil-Libelle, links

Blutrote Heidelibelle

Weinbergschnecke

Wasserfrosch

Einst gingen zwei Jünglinge spazieren und fanden im Fahrweg einige Schnecken, die sie, besorgt, daß sie von einem Fuhrwagen zerdrückt werden möchten, in den Busch dabei warfen. »Ihr Mutwilligen«, riefen die Schnecken, »warum stört ihr uns aus unserer friedlichen Ruhe und werft uns so mutwillig hierher.«
Menschenbrüder, mit wem hadert ihr, wenn auch ein kleines Ungemach geschieht? Mit einem Weltweisen? O! ihr Kurzsichtigen.

Novalis

Ein Reisender verirrte sich in ein abgelegenes Tal, darin er keine Stimme hörte als quakende Frösche; er konnte nicht weiter, alles war Sumpf. Doch ehe er zurückging, fragte er einen Frosch, warum hierzulande alles quake. Der Frosch erwiderte: »Unser glückliches Land ist wie kein anderes, bis auf seine hintersten Winkel für unsern König organisiert.« – »Und wer ist dann euer König?« sagte der Fremde. Der Frosch erwiderte: »Der Storch.«

Johann Heinrich Pestalozzi

Vögel des Waldes

Im Nymphenburger Park leben mehrere Waldkauze. Dieses Tier – an der Brücke beim Großen See – können aufmerksame Sparziergänger immer wieder beobachten

Der Ruf des Männchens, der wie ein »kju-wit« klingt, wurde als ein »komm-mit« gedeutet, was dem Waldkauz seinen Ruf als Todesvogel eingebracht hat. Nicht wenige dieser Tiere wurden in früheren Zeiten erschlagen und an das Scheunentor genagelt, um den Tod vom Hof fern zu halten

Die Ringeltaube ist die größte und häufigste heimische Wildtaube. An dem weißen Halsfleck, den nur erwachsene Tiere aufweisen, ist sie leicht zu erkennen. Ringeltauben leben und brüten im Nymphenburger Park

Dass der bunt gefiederte, äußerst lebhafte Eichelhäher zu den Rabenvögeln gehört, ahnt man erst, wenn er sein durchdringendes »Rätschen« hören lässt. Als »Wächter des Waldes« warnt er das Wild, wenn sich ein Mensch nähert – sehr zum Missfallen der Jäger

Rotkehlchen – wegen seines schönen, etwas traurig klingenden Gesangs hielt man diese Vögel früher gern in Käfigen

Früher waren die Wacholderdrosseln – die Krammetsvögel, wie sie genannt wurden – eine begehrte Delikatesse

Während viele Buchfink-Männchen bei uns überwintern, ziehen alle Weibchen in den Süden. Daher trägt der Buchfink seinen wissenschaftlichen Namen »Coelebs« – »der Junggeselle«

Grünspecht, dessen schriller Ruf durch den ganzen Park zu hören ist

Buntspecht (diese Art ist kleiner und häufiger als der Grünspecht)

Als Mäusejäger schätzt der Turmfalke einen guten Ausguck

Wie viele Greifvögel wurde auch der Sperber früher gnadenlos verfolgt – heute ist er fast überall ganzjährig geschützt. Sein Nahrung besteht vor allem aus Singvögeln

Kaum größer als eine Haustaube, ist der er Turmfalke ein virtuoser Flieger

Seidenschwänze in einer Gruppe

Seidenschwanz mit stolzem Blick

Er ist etwa groß wie ein Sperling, aber schillernd bunt und mit einer spitzen Federhaube. Die Federspitzen der inneren Armschwingen sind zu kleinen, leuchtend roten Hornplättchen umgebildet. Der Seidenschwanz gehört zu unseren prächtigsten Singvögeln.
Seidenschwänze brüten in Sibirien und Nordskandinavien. Etwa alle sieben Jahre tauchen sie zum Überwintern invasionsartig in großen Schwärmen in Mitteleuropa auf und gelangen bis hinunter in den Mittelmeerraum.

Man sieht Seidenschwänze meist in Schwärmen von 30 bis 40 Tieren, die sich mit einem Trillerruf verständigen.
Im Mittelalter galten die Seidenschwänze als Vorzeichen böser Krankheiten und wurden Pestvögel genannt, weil sie nur so selten auftauchten und als Bote zufällig auftauchender Krankheiten angesehen wurden.

Seidenschwänze
beim Trinken

In großen Schwärmen und unter lautem Gekrächze versammeln sich die Krähen zur Nacht in einem Baum.

Kanadagans auf Erkundungspfad

Vögel des Wassers

Die Heimat der Kanadagänse ist Nordamerika. Seit den Fünfzigerjahren gibt es bei uns auch wilde Kanadagänse, die, aus Großbritannien kommend, zunächst den norddeutschen Raum besiedelt haben.
Sie sind leicht an ihrem schwarzen Kopf und Hals sowie den weißen Wangen zu erkennen.
In den Münchner Parks leben Kanadagänse bereits seit Mitte des 19. Jahrhunderts als »große, zahme Wildgänse«. Sie brüten frei, lassen sich aber füttern. Die Stadt verlassen sie nur ausnahmsweise und kommen immer wieder zurück.
Das Gelege enthält vier bis neun Eier. Im Gegensatz zu den Enten beteiligen sich bei den Gänsen beide Altvögel an der Aufzucht.

Kanadagans beim Brüten und Spaziergang mit Küken

Kanadaganseltern mit Küken im See

Auffliegende Kanadagans

Weißwangengans

Weißwangengänse, die wegen ihres schwarzen »Schleiers«, von dem sich das weiße Gesicht deutlich absetzt, auch Nonnengänse genannt werden. Sie stehen bei uns auf der roten Liste der gefährdeten Wintergäste. Im Nymphenburger Park lassen sie sich nur selten sehen, haben dort aber auch schon gebrütet.

Weißwangengänse kurz vor einem Bad

Weißwangengänse im Morgengrauen

Gänsesäger-Weibchen

Gänsesäger gehören zu den Entenvögeln, sind aber versierte Fischjäger. Sie haben ihren Namen von dem Schnabel, der wie ein Säge gezackt ist. Damit kann der »gänsegroße« Vogel Fische gut festhalten, die er auch unter Wasser jagt.
Da er sich dabei mit den Augen orientiert, kann er sich nur in klaren Gewässern ernähren.

Gänsesäger zählen zu den gefährdeten Vogelarten. Umso erfreulicher ist es, dass im Jahr 2001 im Nymphenburger Park fünf Brutpaare beobachtet werden konnten, die etwa 60 Junge durchbrachten.

Gänsesäger mit Küken

Rostgänse gehören zu den so genannten Halbenten – einer Vogelgruppe, die Gänse- und Entenmerkmale in sich vereint. Ein Pärchen dieser aus Innerasien und Nordafrika stammenden Art wurde nur an einem Nachmittag im Park gesichtet

Die Schneegans brütet im hohen Norden und zieht im Winter südwärts. Dieses Exemplar hier – inmitten in einer Gruppe Graugänse – war wohl auf der Durchreise

Graugänse an Waldrand

Die Graugans ist unsere eigentliche Wildgans – die einzige Gänseart, die ursprünglich in Mitteleuropa gebrütet hat – und der Stammvater der Hausgans.
Die meisten Graugänse sind in der arktischen Tundra beheimatet und kommen nur als Wintergäste zu uns. Sie brüten in Holland, Mähren, lokal in Norddeutschland und Ostösterreich. Verwilderte Gänse haben sich aber an verschiedenen Gewässern angesiedelt. Im Nymphenburger Park leben sie ganzjährig.
Auf ihren Zügen in charakteristischer Linien- oder V-Formation überfliegen die Graugänse weite Teile Mitteleuropas. Meist wird man durch die im Flug abgegebenen Schreie auf die Tiere aufmerksam.
Da junge Graugänse über kein enges, angeborenes Elternschema verfügen, war es dem Verhaltensforscher und Nobelpreisträger Konrad Lorenz möglich, als »Ersatzvater« junge Graugänse vom Ei aus aufzuziehen und ihr Verhalten eingehend zu studieren.
Graugänse sind sprichwörtlich treue Tiere. Schon im Alter von 1½ Jahren gehen sie lebenslange Paarbindungen ein. Geschlechtsreif werden sie dann erst mit 3 Jahren.

Graugänse bei einem gemeinsamen Ausflug

Graugänse mit Küken am Ufer

Graugans

Graugans mit Küken im See

Im Wasser landende Graugans

Streifengänse

Streifengänse erkennt man leicht an den beiden schwarzen Querstreifen auf dem weißen Kopf.
Streifengänse stammen aus Indien und brüten im Himalaja-Gebiet. Aus Gefangenschaft entkommene Vögel siedeln sich gern an Parkseen an und verwildern. Wenn sie gefüttert werden, kommen sie selbst über strenge Winter.

Ruhende Streifengänse

Die größte Reiherart in Mitteleuropa – der Grau- oder Fischreiher

Wegen seines Appetits hat der Kormoran bei Fischzüchtern eine schlechten Ruf

Männliche Kolbenente

Weibliche Kolbenente

Die seltene Kolbenente lebt ganzjährig im Nymphenburger Park und brütet auch dort. Wie bei allen Enten zeichnen sich die Geschlechtspartner durch eine abweichende Gefiederfärbung aus.

Das Teichhuhn legt sein Nest am Boden an, versteckt in dichter Ufervegetation

Fliegende Reiherenten

Weibliche Reiherente mit Jungvogel

Mit dem deutlich abgesetzten, dunklen Hals-Kopfbereich und der markanten Haube ist das Reiherenten-Männchen leicht zu erkennen. Die Weibchen dagegen sind unauffällig braun gefärbt.

Reiherenten sind typische Tauchenten, die ihre Nahrung – vor allem Muscheln und Schnecken – tief unten am Gewässergrund suchen.

Männliche Reiherente

Die Mandarinente stammt aus Ostasien und wird häufig in Tierparks gehalten. Und aus Hellabrunn stammt wohl auch dieses Weibchen, das seit zwei Jahren im Nymphenburger Park lebt. Ein Männchen – Mandarinentenerpel gehören zu den prächtigsten Enten überhaupt – hat sich noch nicht hinzugesellt

Schnatterenten – ein Männchen zwischen zwei Weibchen. Dass sich die Gefieder der Geschlechter bei dieser Art so ähnlich sind, ist ungewöhnlich für Enten

Männliche Stockente

Sie ist die typische Wildente – die häufigste heimische Entenart – die nahezu jedes Gewässer bewohnt, sofern es nicht ganz ohne Vegetation ist. Auch aus den Parks ist die Stockente nicht mehr wegzudenken.
Während die Erpel mit ihrem leuchtend grünen Kopfschmuck auffallen wie der sprichwörtliche bunte Hund, setzen die Weibchen, die das gefährliche Brutgeschäft übernehmen, ganz auf Tarnung.
Stockenten beginnen sehr früh im Jahr mit der Brut. Das muldenförmige, mit Daunen ausgepolsterte Nest wird gut versteckt, meist am Rande von Gewässern oder auf kleinen Inseln angelegt. Bis zu 13 Eier legt das Weibchen darin ab.

Im Wasser startende Ente

Weibliche Stockente in Baum

Stockenten im Flug

Weibliche Stockente mit Küken im Gras

Weibliche Stockente mit Küken an Ufer

Männliche Tafelente

Tafelenten – hier ein Erpel mit dem auffällig rostrot gefärbten Kopf – brüten an Gewässern der Tundra und Taiga. Bei uns sind sie Wintergäste

Der Schwarzhalstaucher – ein kleinerer Verwandter des Haubentauchers – lebt hauptsächlich von Wasserinsekten

Blässhühner am Nest

Blässhuhn-Küken im Nest

Blässhühner kommen an nahezu allen, einigermaßen nährstoffreichen Gewässern vor. In Parkanlagen sind sie ein vertrauter Anblick und lassen sich gern füttern.
Blässhühner bauen schwimmende Nester aus Schilf, in die sie ihre vier bis sechs Eier legen.
Die buntköpfigen Küken haben sehr viele natürliche Feinde, wie Hechte, Krähen, Marder oder Ratten. Trotzdem konnten sich die Blässhühner in den letzten Jahrzehnten stark vermehren, was auf das größere Nahrungsangebot in den Gewässern zurückzuführen ist.
In der Brutzeit verteilen sich die Paare auf die Gewässer der Umgebung und beanspruchen Reviere, die sie vehement verteidigen. Oft kommt es dabei zu erbitterten Raufereien.
Nichts und niemand darf in das Revier eines brütenden Blässhuhns eindringen. Sogar eine wesentlich größere Kanadagans wird in die Flucht geschlagen.

Blässhuhn im seichten Wasser

Kämpfende Blässhühner

Blässhuhn mit Küken im Nest

Blässhuhn jagt Kanadagans

Fliegende Möwen

Die Lachmöwe ist die typische Möwe des Binnenlandes. Auch in unseren Parkanlagen ist sie weit verbreitet.
Im winterlichen Ruhekleid bleibt vom braunen Kopfgefieder, das die Lachmöwen im Sommer zeigen, nur ein kleiner hellbrauner Fleck auf jeder Kopfseite übrig.

Wegen der oft intensiven Fütterung durch den Menschen überwintern immer mehr Lachmöwen bei uns, statt in den Süden auszuweichen.

Fressende Möwen

Fliegende Möwen

Möwe unter Enten im seichten Wasser

Schwan mit Küken

Startender Schwan

Ursprünglich war der Höckerschwan ein bei uns seltener Wintergast. Erst nach dem Zweiten Weltkrieg begannen die in Parks gehaltenen Schwäne zu verwildern, sich auszubreiten und stark zu vermehren.

Heute sind sie an nahezu jedem Gewässer in Mitteleuropa anzutreffen.
Ein Vogel von der Größe eines Schwans braucht für den Start einen gehörigen Anlauf.

Schwan mit Küken

Schwäne im Flug

Schwan mit Küken auf Wiese

Junger Schwan vor dem Schloss

Während der Brutzeit besetzen Schwäne Reviere, die sie gegen Artgenossen energisch verteidigen. Diese Reviere begrenzen auch die Anzahl der Schwäne, die an einem Gewässer leben. Nur im Winter – vor allem an Stellen, an denen sie gefüttert werden – sieht man oft große Ansammlungen dieser Tiere.

Zeus näherte sich seiner Geliebten Leda – der Mutter der Dioskuren – als Schwan.
Aus dem hässlichen Entlein wird einmal ein prächtiger Schwan.
Zwei bis sechs Küken zieht ein Schwanenpaar auf.

Schwäne am Seeufer vor dem Schloss

Schwanenpaar

Schwan im Gegenlicht

Schwimmende Schwäne

Rötelmaus, ein typischer Bewohner feuchter Waldböden

Steinmarder, kenntlich an dem weißen Kehlfleck. Mäuse, Vögel und Eichhörnchen stehen auf dem Speisezettel dieses flinken Räubers

Eichhörnchen

Buschiger Schwanz und hübsche Ohrpinsel: Eichhörnchen sind die wohl beliebtesten heimischen Nagetiere. Neben roten gibt es auch schwarzbraune Tiere – sogar in einem Wurf. Die roten sind im Flachland, die schwarzbraunen im Gebirge häufiger. Im Nymphenburger Park leben beide Varianten.

Eichhörnchen läuft Baumstamm hinunter

Fast sein ganzes Leben verbringt das Eichhörnchen auf Bäumen und beim Klettern macht ihm so schnell niemand etwas nach.

Eichhörnchen

Feldhasen werden immer seltener – ganz im Gegensatz zu den Kaninchen, die man an den deutlich kürzeren Ohren erkennt

Rehe sind ausgesprochene Kulturfolger. Sie gehören schon lange zu den Dauergästen im Nymphenburger Park

Dieser junge Bock macht gerade seinen Fellwechsel durch. Das neue Geweih, das auf seiner Stirn heranwächst, ist noch von Bast – einer dicht behaarten, gut durchbluteten Haut – überzogen

Rehbock im Gegenlicht

Die Autoren

Joachim Kraus, geb. 1958, Diplom-Biologe mit den Schwerpunkten Ökologie und Zoologie, arbeitet heute als freier Autor und Redakteur für verschiedene Verlage sowie in der Bearbeitung und Synchronisation von Dokumentarfilmen.

Dr. phil. Hans F. Nöhbauer, geb. 1929, studierte Philosophie, Literatur- und Zeitungswissenschaften an der Universität München, Promotion 1956. Tätigkeit beim Bayerischen Rundfunk, langjähriger Feuilletonredakteur der Münchner Abendzeitung und der Süddeutschen Zeitung. Als freier Journalist und Schriftsteller veröffentlichte er zahlreiche Bücher zur Geschichte und Kultur Bayerns.

Der Fotograf: Bernhard Römmelt, geb. 1968, in München, studierte von 1989 bis 1994 Betriebswirtschaftslehre und von 1995 bis 2001 Völkerkunde in München. Seit 2000 arbeitet er neben seinem Studium als freier Fotograf.

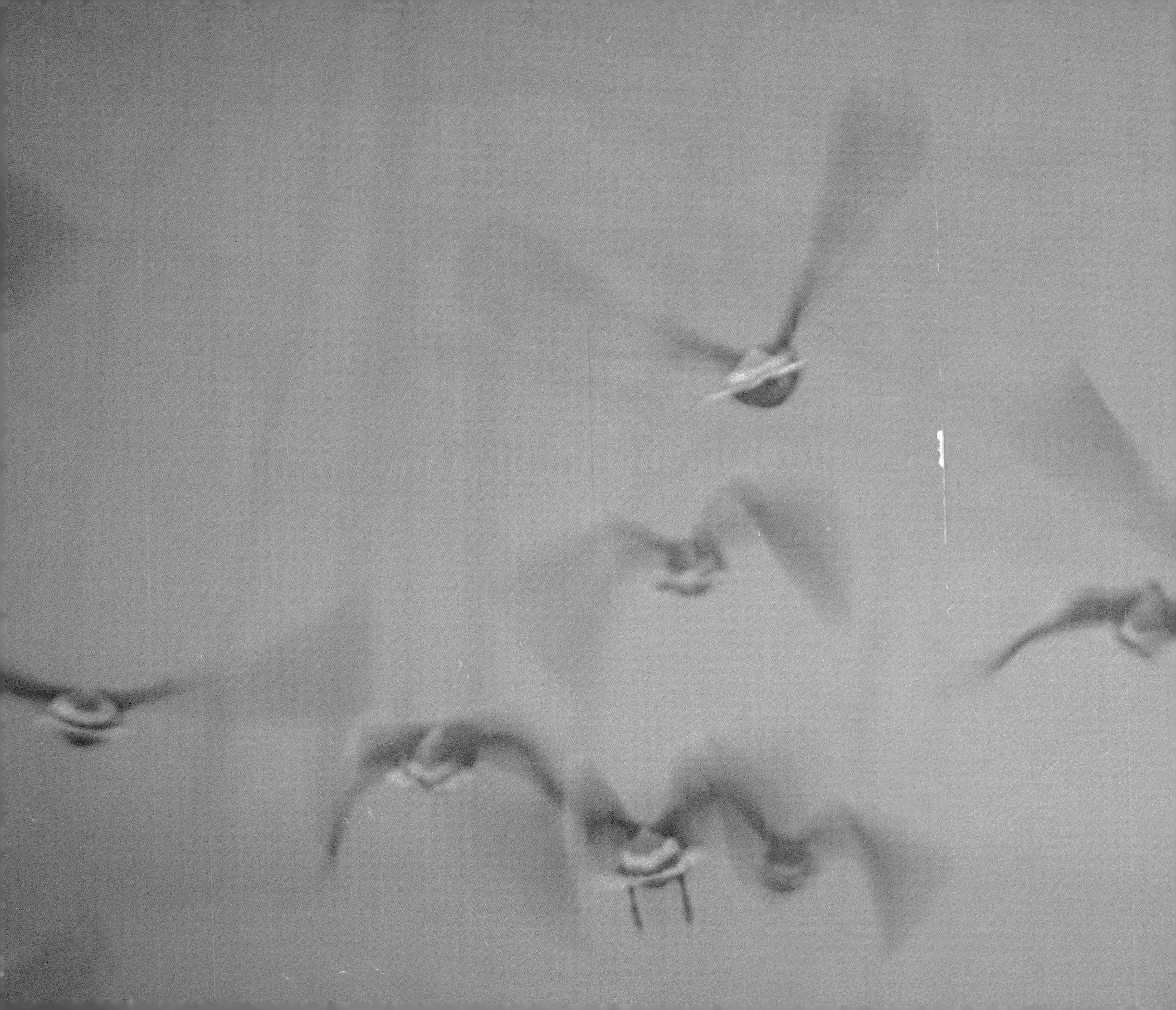